A LA MÉMOIRE

DE

ANDRÉ ET MARC ZUBER

LIEUTENANT
ANDRÉ ZUBER

15 octobre 1891 — 24 avril 1917

LIEUTENANT
MARC ZUBER

7 avril 1895 — 28 juin 1917

ANDRÉ ZUBER

Né le 15 octobre 1891.

Ancien élève de l'École Polytechnique, promotion 1911;

Lieutenant au 225ᵉ régiment d'artillerie (1);

Cité à l'ordre de la Division et à l'ordre de l'Armée;

Tombé le 24 avril 1917, frappé par un obus de 150, près de la ferme « Cour Soupir », sur la route de Cour Soupir à Ostel (Chemin des Dames).

---

(1) Le 40ᵉ d'artillerie devenu 225ᵉ d'artillerie.

CITATION A L'ORDRE DE LA DIVISION

ZUBER (Paul-André), lieutenant à l'état-major du groupe :

« Officier orienteur du groupe, s'est particulièrement distingué pendant les attaques de Champagne du 2 au 10 octobre 1915, au cours desquelles il a procédé en avant de nos lignes à des reconnaissances très dangereuses et à l'établissement de lignes téléphoniques d'une importance toute particulière. Commandant de batterie, au cours des combats livrés en décembre dans le secteur Saint-Souplet, a rempli son rôle en toutes circonstances avec la plus grande bravoure.

« 9 février 1916.

« Colonel BUNOUST. »

CITATION A L'ORDRE DE L'ARMÉE

Zuber (Paul-André), lieutenant à l'état-major du 3ᵉ groupe du 225ᵉ régiment d'artillerie :

« Officier dont la bravoure et le sang-froid font l'admiration de tous, s'est fait remarquer par son mépris absolu du danger. A commandé une batterie avec la plus grande autorité, se portant toujours aux postes d'observation les plus avancés. A été tué le 24 avril 1917.

« 7 mai 1917.
« Général MAISTRE,
« Commandant la VIᵉ armée. »

Aux Armées, 29 avril 1917.

Madame,

Je viens vous dire, Madame, combien nous avons eu de douleur, mon régiment et moi, de perdre votre brave enfant.

Vous deviez adorer un fils si accompli, et je vous affirme que nous l'admirions tous autant que vous l'aimiez.

Ouvriers de la première heure, nous étions liés par une affection et une estime dont on connaît tout le prix au front.

Je ne peux vous faire son éloge, puisque tous les côtés de son caractère sont à louer et que ses mérites dépassent toutes les formes que je donnerais à ma pensée.

Je pense que vous avez les notes de notre héros et j'espère vous adresser bientôt la citation à l'ordre de l'armée que j'ai demandée pour lui.

Mon lieutenant repose dans sa gloire à Vieil-Arcy, près de ses camarades, et vous pouvez compter sur nous pour l'entourer de précieux souvenirs.

Je vous prie, Madame, de recevoir l'assurance de mon dévouement et l'assurance du culte que nous portons tous à la mémoire du lieutenant André Zuber.

V...,

Lieutenant-colonel
commandant le 225ᵉ régiment d'artillerie de campagne.

FRAGMENTS

DE LETTRES DU CAPITAINE C...

30 mai 1917.

... C'est un excellent officier que nous avons perdu, non seulement pour le présent, mais aussi pour l'avenir. J'avais surtout appris à le connaître lorsque j'ai commandé le groupe pendant six mois en 1915-1916 à l'offensive de Champagne où il était mon adjoint; j'aimais son caractère enjoué, son esprit consciencieux. En Champagne, ma batterie n'ayant pas d'officier assez ancien, je la lui avais confiée pendant mon intérim au groupe. C'est vous dire l'estime que j'avais pour lui. Enfin nous avons vécu ensemble les terribles heures de Verdun dans le poste du chemin de Fleury devant Douaumont. Il était un des rares camarades avec lequel je pouvais parler de nos officiers et canonniers déjà disparus, il connaissait toute la vie du groupe pendant ces trois ans de guerre. Et ces souvenirs communs m'avaient véritablement attaché à lui.

Aussi cette fin si brusque, si brutale m'a profondément affligé...

Le 10 septembre 1917.

... Car ces deux années lui avaient donné l' « expérience » qui, jointe à son allant, à son initiative, aurait fait de lui un des meilleurs réorganisateurs de notre arme dans l'avenir...

FRAGMENTS

D'UNE LETTRE DE MARC

26 avril 1917.

... André a eu la plus belle fin que puisse rêver un soldat, et il est absolument certain qu'il n'a pas pu se rendre compte de ce qui s'est passé et n'a pas souffert le moins du monde.

... Pense qu'André a vendu très cher sa vie, car il a eu pendant trente-deux mois de cette terrible guerre un rôle admirable, ayant pris part à toutes les grandes batailles qui ont sauvé notre chère France.

Quant à moi, tu sais que je saurai le venger, c'est la seule façon dont un soldat peut le pleurer. Le jour même où André partait reposer dans le petit cimetière de Vieil-Arcy, à l'heure de la cérémonie, je survolais, sans m'en douter, le lieu et réglais un tir de destruction sur une batterie allemande...

MARC ZUBER

Né le 7 avril 1895.

Élève de l'École Polytechnique, promotion 1914;

Lieutenant observateur à l'escadrille 219;

Cité trois fois à l'ordre de l'Armée, chevalier de la Légion d'honneur;

Tombé le 28 juin 1917, lors d'une mission en Italie, à la suite d'un accident d'hydravion au cours d'un vol d'observation sur le front.

CITATION A L'ORDRE DE L'ARMÉE

Aviation de l'armée, escadrille V-21, sous-lieutenant Zuber (Marc) :

« S'est révélé très rapidement comme un observateur de valeur et a rendu de précieux services en cette qualité. A eu fréquemment à combattre des avions allemands et leur a toujours imposé sa supériorité. A eu son appareil plusieurs fois atteint par des balles à proximité de lui, mais n'a jamais abandonné la lutte.

« 30 octobre 1915.

« Général DE LANGLE,
« *Commandant la IVe armée.* »

CITATION A L'ORDRE DE L'ARMÉE

13 novembre 1916.

Zuber, sous-lieutenant observateur à l'escadrille C-21 :

« Officier d'une intelligence remarquable et d'une rare bravoure. A fait comme photographe en avion, dans des conditions exceptionnellement périlleuses, des reconnaissances éloignées d'où il a rapporté des renseignements précieux. A réussi de très nombreux réglages de tir à longue portée, tenant l'air plusieurs heures, malgré la présence d'une puissante aviation ennemie.

« Chef des observateurs de son escadrille, a montré ses brillantes qualités d'organisation qui ont permis à l'escadrille C-21 de se classer parmi les meilleures.

« Général FAYOLLE,
« *Commandant la VIe armée* »

CITATION A L'ORDRE DE L'ARMÉE

M. Zuber (Marc-Eugène), sous-lieutenant, escadrille C-219 :

« A exécuté de nombreux réglages à très longue portée, qu'il a réussis complètement, malgré la présence des avions et la précision des canons ennemis.

« Le 16 avril, a exécuté un réglage éloigné d'un très grand intérêt militaire pendant sept heures.

« Le 5 mai, obligé d'atterrir, son avion ayant été atteint dans ses œuvres vives par des éclats d'obus, est reparti aussitôt et a réussi et exécuté intégralement la mission importante qui lui avait été confiée.

11 mai 1917.

« Général MAISTRE. »

MINISTERE DE LA GUERRE

Est inscrit au tableau spécial de la Légion d'honneur pour chevalier, à compter du 27 juin 1917, l'officier dont le nom suit :

« Zuber (Marc), sous-lieutenant (réserve) du 21ᵉ régiment d'artillerie, observateur d'artillerie à l'escadrille Espinasse : observateur de grande valeur, s'est toujours proposé pour les missions les plus difficiles et les plus dangereuses. Très grièvement blessé au cours d'un vol d'observation sur le front (Croix de guerre).

« Paris, le 9 juillet 1917.

« Paul PAINLEVÉ. »

PAROLES

prononcées par le lieutenant-colonel Charet, le 30 juin 1917, aux obsèques du lieutenant Zuber, de l'escadrille « Espinasse ».

Le frère d'armes que le détachement d'artillerie française d'Italie vient de se voir ravir par un accident brutal de l'air était un officier d'élite.

Né en avril 1895, Zuber était reçu brillamment en juillet 1914 à l'École Polytechnique.

Mais les cours sont suspendus par l'état de guerre, et Zuber s'engage comme canonnier dans l'artillerie.

Promu officier, il se distingue dans une batterie de campagne.

L'aviation devait tenter ce tempérament ardent.

Le sous-lieutenant Zuber obtient en mai 1915

de faire partie de ce corps d'élite. Dans ce foyer d'héroïsme où il se place bientôt au premier rang, ses belles qualités de soldat forcent journellement l'admiration de ses camarades.

Depuis plus de deux ans, partout où se sont donnés les plus rudes coups de cette guerre, en Champagne en 1915 et en 1917, sur la Somme en 1916, ce fils d'Alsace est présent.

Son intrépidité raisonnée en fait, pour l'ennemi, un adversaire terrible ; son coup d'œil merveilleux rend à notre artillerie des services inestimables.

Nombreux sont les combats que Zuber a livrés. Deux fois au cours de ces batailles aériennes, deux fois sous les coups de l'artillerie ennemie, son avion est abattu.

Zuber se relève toujours pour reprendre la lutte avec plus d'ardeur encore. Plusieurs citations à l'ordre de l'armée reconnaissent ses hauts faits de courage, et il devait recevoir prochainement l'étoile des braves.

Mais il nous quitte avant d'avoir reçu cette récompense : il part aussi sans avoir vu la réalisation de ce rêve dont il ne parlait jamais... mais tous nous le connaissions, ami Zuber, et nous jurons sur ton cercueil que ton vœu si cher sera exaucé.

Tous nous sommes prêts à verser jusqu'à la dernière goutte de notre sang pour la délivrance de ta terre natale si féconde en héros.

Va! ton exemple n'aura pas été vain! Ta belle jeunesse n'aura pas été perdue!

Derrière toi, toute une légion de jeunes gens se dressent déjà pour te remplacer, semblables à ces adolescents de l'antique Rome, prêts à suivre l'exemple de l'enfant martyr qui laissait consumer lentement sa main sur le bûcher pour l'amour de la Patrie.

A ta mère, à cette vaillante femme doublement française, si cruellement éprouvée déjà par la mort au champ d'honneur d'un de ses fils et par les glorieuses blessures de ton troisième frère, nous adressons le profond hommage de notre très respectueuse sympathie.

Les tiens peuvent être fiers de leur nom.

Ce nom, nous le conserverons gravé dans

notre mémoire, comme un exemple. Et, au grand jour de la Victoire, il étincellera en lettres de sang et de feu, dans l'azur du ciel, sur les ailes glorieuses de nos avions tricolores.

CIMETIÈRE DE VIEIL-ARCY (AISNE)

ILE DES TOMBEAUX (VENISE)

Quand bien même toute une armée camperait contre moi, mon cœur ne craindrait rien.

Psaume 17.

Il n'y a pas de plus grand amour que de donner sa vie pour ses amis.

Jean, XIII, v. 15.

L'idéal, ce n'est pas une vie confortable, exempte de difficultés... Le vrai but de la vie, ce pour quoi il vaut la peine de vivre, c'est le don de soi-même aux autres.

Pasteur.

Ce n'est pas la durée de l'existence qui compte, mais bien ce qui a été accompli pendant cette existence, si courte qu'elle puisse être.

Dernière pensée du lieutenant Gladstone.

Heureux qui pour la gloire et pour la liberté,
Dans l'orgueil de la force et l'ivresse du rêve,
Meurt ainsi d'une mort éblouissante et brève.

J. M. de Hérédia.

NANCY, IMPRIMERIE BERGER-LEVRAULT. — JANVIER 1918

www.ingramcontent.com/pod-product-compliance
Lightning Source LLC
Chambersburg PA
CBHW060911050426
42453CB00010B/1653